Hinweise zu den KIKUS Arbeitsblättern

Diese Arbeitsblätter sind Teil des KIKUS-Programms Deutsch (+ Erstsprachen) im Vor- und Grundschulalter, das aus der Praxis heraus für die Praxis entwickelt wurde. Es ist für die Vermittlung des Deutschen als Zweitsprache und des Deutschen als Fremdsprache gleichermaßen einsetzbar. Die Teile sind aufeinander abgestimmt, können jedoch auch unabhängig voneinander flexibel verwendet werden (Baukastensystem). Zu dem Programm gehören bislang:

- Die KIKUS-Methode, ein Leitfaden
- KIKUS BILDKARTEN für die Gruppen- oder Einzelarbeit
- KIKUS BILDKÄRTCHEN zur Wiederholung und Vertiefung des Wortschatzes zu Hause, ergänzend zu den Arbeitsblättern verwendbar
- KIKUS interaktiv – Multilinguale Sprach-Lern-Software; zur Vertiefung des Wortschatzes in digitaler Form; basiert auf den KIKUS Bildkarten
- KIKUS CD „Guten Morgen", 11 Spiel- und Bewegungslieder für die Gruppenarbeit und für zu Hause
- KIKUS LIEDERHEFT „Guten Morgen", Texte und Ausmalbilder zur CD, ergänzend zu den Arbeitsblättern verwendbar
- die hier vorliegenden KIKUS ARBEITSBLÄTTER für die Eltern-Kind-Zusammenarbeit

Sinn und Zweck der KIKUS Arbeitsblätter

Die Arbeitsblätter dienen in erster Linie der häuslichen Eltern-Kind-Zusammenarbeit (Hausaufgaben) in Ergänzung zu einem Sprach(förder)kurs (Gruppenarbeit). Mithilfe der Arbeitsblätter sollen die Inhalte der Sprachförderung wiederholt und vertieft werden. Durch die Eltern-Kind-Zusammenarbeit soll neben dem Deutschen auch die jeweilige Erstsprache der Kinder einbezogen werden. So baut das Kind den Grundwortschatz parallel im Deutschen und in der Erstsprache auf. Grammatische Strukturen und sprachliche Handlungsmuster erwirbt das Kind ebenfalls in beiden Sprachen, weil über die Aufgaben und Spiele in der Sprachförderung auf Deutsch und zu Hause in der Erstsprache gesprochen wird.

Systematik

Die Arbeitsblätter liegen als Loseblattsammlung nach Themenbereichen sortiert vor. Die Reihenfolge, in der Sie sie den Kindern mit nach Hause geben, bestimmen Sie als Kursleitung abhängig vom jeweils behandelten Sachthema selbst. Geben Sie den Kindern die Arbeitsblätter aber in jedem Fall nacheinander mit nach Hause, keinesfalls alle auf einmal!

Die Arbeitsblätter liegen auch nach Altersstufen sortiert vor. Da es sinnvoll ist, mit der Sprachförderung schon mit den Dreijährigen zu beginnen und sie dann kontinuierlich bis zum Schuleintritt (oder, falls erforderlich, auch darüber hinaus) fortzuführen, haben wir drei differenzierte Sets entwickelt:

- KIKUS ARBEITSBLÄTTER 1, empfohlen für Kinder von 3-5 Jahren
- KIKUS ARBEITSBLÄTTER 2, empfohlen für Kinder von 4-7 Jahren
- KIKUS ARBEITSBLÄTTER 3, empfohlen für Kinder von 5-10 Jahren

Grundsätzlich haben wir uns um eine Steigerung der kognitiven und manuellen Anforderungen von Set zu Set bemüht, die Übergänge aber bewusst fließend gehalten. Das bedeutet, dass auch ein fünfjähriges Kind mit dem Set 1 arbeiten kann oder ein achtjähriges mit dem Set 3. Hier ein Beispiel zur Veranschaulichung (Thema: ICH):

 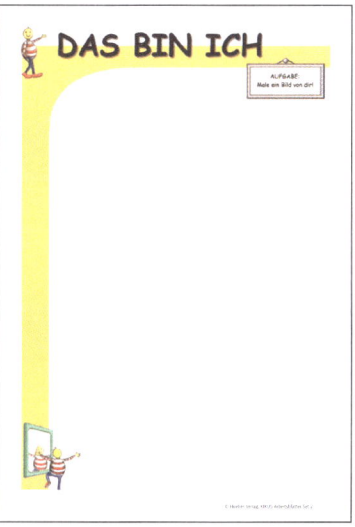 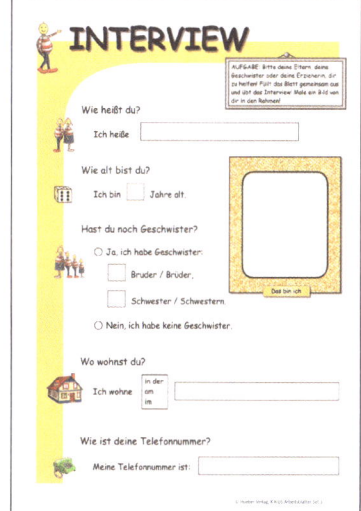

Arbeitsblätter Set 1   Arbeitsblätter Set 2   Arbeitsblätter Set 3

Durch diese Differenzierung ist es ebenfalls möglich, den Einsatz der verschiedenen Sets innerhalb einer einzigen Lernergruppe zu variieren. Wenn Sie z.B. eine Gruppe von acht Kindern haben, in der die Hälfte der Kinder bereits im Vorjahr an der Sprachförderung teilgenommen hat, so können Sie für diese Kinder das Set 2 wählen und für die vier neuen Kinder das Set 1. So bleiben die Arbeitsblätter auch für die fortgeschrittenen Kinder (und für deren Eltern!) spannend.

Einbeziehen der Eltern und der Erstsprachen

Ein Teil der Arbeitsblätter kann von den Kindern eigenständig bearbeitet werden, da hierbei die Aufgabe lediglich im Malen bzw. Anmalen besteht. Andere Aufgaben umfassen darüber hinaus Arbeitstechniken wie Ausschneiden und Kleben, Verbinden, Ankreuzen oder Markieren. Prinzipiell sollten die Eltern dazu angehalten werden, die Kinder bei den „Hausaufgaben" zu begleiten. Unerlässlich ist dies, wenn Schreibaktivitäten in der Aufgabenstellung gefordert sind (auch bei Kindern im Grundschulalter!). Hierbei geht es um das Verschriftlichen in der Erstsprache, das von keinem Kind als eigenständige Tätigkeit erwartet werden darf (zumindest nicht im deutschsprachigen Raum). Auf Deutsch ist ein Grundwortschatz vorgegeben, der gemeinsam mit den Eltern in die jeweilige Erstsprache übersetzt und von den Eltern in die vorgegebenen Kästchen eingetragen werden soll.

Beispiel:  die Gurke

Die Erstsprache soll im jeweiligen Schriftsystem eingetragen werden (z.B. Arabisch in arabischen Buchstaben, Russisch in kyrillischen etc.). Es geht nicht darum, dass die Kursleitung alle Übersetzungen lesen kann, sondern darum, dass die Kinder ein frühes Verhältnis zu ihrer Mehrsprachigkeit – oder zu Mehrsprachigkeit überhaupt – und im Ansatz auch zur Schrift entwickeln. Es ist nicht sinnvoll, die Übersetzungen komplett „abzufragen"; ein Thematisieren einzelner Begriffe (z.B.: „Wie heißt denn Nase auf Türkisch? Und auf Französisch? Und auf Urdu?") reicht meistens vollkommen aus und regt oft zu lebhaftem Austausch über die verschiedenen – und ähnlichen – Sprachen an.

Grundsätzlich geht es bei der Eltern-Kind-Zusammenarbeit darum, dass die Eltern zu gemeinsamen sprachlichen Aktivitäten mit ihren Kindern angeregt werden. Die Kinder tragen dieses positive Erleben in die Gruppe zurück und erfahren dafür Anerkennung. Beide Sprachen erhalten die gleiche Wertigkeit. So wächst das Bewusstsein des Kindes für seine Zweisprachigkeit auf einer positiven Grundlage. Dies bildet die Basis für eine künftige kompetente Zweisprachigkeit. Gleiches trifft natürlich auch zu, wenn ein Kind mit mehr als einer Erstsprache aufwächst.

Das gilt übrigens auch, wenn es um das Deutsche als Fremdsprache geht! Beziehen Sie auch hier die Eltern aktiv in den Lernprozess ein: Mit den Arbeitsblättern können die Kinder ihren Eltern zeigen, was sie im Deutschkurs lernen, was sich ohne Arbeitsblätter gar nicht so einfach gestaltet. Normalerweise sind Eltern sehr interessiert daran, was ihre Kinder in einem Fremdsprachenkurs lernen und machen dementsprechend gerne mit.

Elterninformation

Um die Eltern bzw. Bezugspersonen der Kinder über die Wichtigkeit der Zusammenarbeit zu informieren, ist es sinnvoll, bei Kursbeginn eine Elterninformation zu veranstalten. Zeigen Sie den Eltern, wie Sie mit ihren Kindern „arbeiten", wie Sie die Bildkarten einsetzen und wie Sie den Bezug zu den Lerninhalten der Arbeitsblätter schaffen. So werden die Eltern die Sprachförderaktivitäten besser nachvollziehen und in die eigene Sprache umsetzen können. Vermitteln Sie ihnen darüber hinaus, wie wichtig ihr Beitrag in der Erstsprache für die Sprachförderung und für die Persönlichkeitsentwicklung ihres Kindes ist. Und zeigen Sie ihnen, dass Sie ihre Herkunftssprachen und ihre Kulturen wertschätzen. Unsere langjährige Erfahrung hat gezeigt, dass die Bereitschaft der Eltern zur Zusammenarbeit sehr groß ist, sobald die Erstsprachen systematisch in die Spracharbeit einbezogen und die Eltern als Vermittler der Erstsprache in die Verantwortung genommen werden.

Weitere Arbeitsutensilien

Wir raten zur Anschaffung eines schmalen, festen Ordners für jedes Kind, in dem die Arbeitsblätter gesammelt werden. Dadurch lernen die Kinder weitergehende Arbeitstechniken kennen, die sie in der Schule brauchen: Sie lernen, einen Ordner zu benutzen und zu pflegen. In unseren eigenen Kursen geben wir darüber hinaus auch Holzfarbstifte (evtl. auch kleine Scheren und Klebestifte), Stofftaschen und Behältnisse für die Bildkärtchen aus, um ein relativ reibungsloses „Hin-und-Her" zwischen Sprachkurs und Elternhaus zu gewährleisten.

Flexibel sein und bleiben

Als Sprachförderkraft müssen Sie in jeder Hinsicht flexibel sein: Nicht selten haben Sie Kinder unterschiedlicher Sprachen, unterschiedlicher Altersstufen, unterschiedlicher Sprachniveaus und unterschiedlicher Motivation gleichzeitig zu fördern. Eine große Herausforderung! Da kann es auch einmal vorkommen, dass z.B. ein achtjähriges Kind einen Teddy ausmalen soll – und das „blöd" oder zu „kindisch" findet. Bleiben Sie auch in solchen Momenten flexibel und geben Sie dem Kind zwar dasselbe Arbeitsblatt, aber eine neue Aufgabe. Statt „Male den Teddy an!" könnte sie lauten: „Schreibe den Teddy voll!" So könnte der Arm des Teddys mit vielen „Arm"-Wörtern ausgefüllt werden, der Bauch mit vielen „Bauch"-Wörtern usw.

Ein anderes Kind erzählt Ihnen vielleicht, seine Eltern könnten nicht schreiben und somit die Kästchen nicht ausfüllen. Dieses Kind kann seine Eltern einfach nach den jeweiligen Begriffen in der Erstsprache fragen und versuchen, sie sich zu merken. Dabei könnte es die Kästchen einfach anmalen oder auch – abhängig vom Alter – die deutschen Vorgaben kopieren.

Insgesamt ist es wichtig, dass man die „Hausaufgaben" nicht allzu „schulisch" sieht. Es geht in der Sprachförderung nicht darum, viele Ordner mit perfekt erledigten Arbeitsaufträgen zu bewundern, sondern es geht darum, Sprache zu fördern. Auch wenn ein Kind seine Aufgabe nicht erledigt hat, kann dies ein gute und entspannte(!) Möglichkeit sein, miteinander zu sprechen, z.B.: *Warum hast du deinen Teddy nicht ausgemalt? Weil ich es vergessen habe. / Weil ich keine Zeit hatte. / Weil ich keine Lust hatte. / …* Hierbei lässt sich hervorragend das sprachliche Handlungsmuster ‚Begründen' üben.

Arbeitsblätter sind Sprechanlässe

Neben der Tatsache, dass die bearbeiteten Themen durch die Arbeitsblätter wiederholt und vertieft werden, bilden sie beim Anschauen wunderbare Sprechanlässe. Die konkreten Äußerungen, die Sie damit verbinden und mit den Kindern üben möchten, sollten Sie sich bereits im Vorfeld überlegen. Es gibt dafür keine allgemein gültigen Vorgaben, denn jede Gruppe und jedes Kind hat einen anderen Sprachstand. Meistens kann man jedoch weit über die Wortschatzarbeit hinausgehen und auch Grammatik und sprachliche Handlungsmuster erarbeiten. So kann man z.B. anhand des Arbeitsblatts SPIELEN UND AUFRÄUMEN sehr gut den grammatischen Bereich der Präpositionen (auf, unter, neben ...) auf ganz unterschiedlichen Sprachniveaus thematisieren:

- Beispiel für sprachlich noch schwache Kinder:
  Was siehst Du hier <u>auf dem Sessel</u>? Eine Gitarre.
- Beispiel für sprachlich stärkere Kinder:
  Was ist mit der Gitarre passiert? Hier liegt sie <u>auf dem Sessel</u>.
  Da hängt sie <u>an der Wand.</u>
- Beispiel für fortgeschrittene Kinder:
  Was hat Momo mit der Gitarre gemacht? Er hat sie <u>an die Wand gehängt.</u>

Qualität der KIKUS Arbeitsblätter

Neben der hohen grafischen und didaktischen Qualität haben die KIKUS Arbeitsblätter auch eine besondere Papierqualität: Sie sind auf extra starkem Papier gedruckt, damit alle Beteiligten mehr Freude daran haben, aber vor allem die Kinder. So verringert sich die Gefahr, dass die Blätter einreißen, weil sie mit dem Stift zu fest aufdrücken, oder dass die Lochungen permanent ausreißen.

Wir wünschen Ihnen, den Kindern und den Eltern viel Spaß mit den KIKUS Arbeitsblättern!

Hinweise zu den KIKUS Bildkärtchen

Diesen KIKUS Arbeitsblättern liegen zwei Beispielblätter der KIKUS Bildkärtchen bei. Wir haben einen kleinen Mix zusammengestellt, damit Sie die Einsatzmöglichkeiten dieser zusätzlichen KIKUS-Materialien ausprobieren können. Es gibt sie als Basis-Set von 240 Motiven in doppelter Ausführung: je einmal farbig und einmal als schwarz-weiße Strichzeichnung. Insgesamt sind es 20 kartonierte Blätter mit je 24 Kärtchen.

Genau wie die KIKUS Bildkarten für die Gruppenarbeit gibt es die KIKUS Bildkärtchen für die Arbeit zu Hause zu verschiedenen Themenbereichen (Personen, Kleidung, Möbel …) und zu verschiedenen Wortarten (Substantive/Namenwörter, Adjektive/Eigenschaftswörter, Verben/Tätigkeitswörter, Präpositionen/Verhältniswörter, Zahlwörter). Die Kärtchen können angemalt, beschriftet und ausgeschnitten werden.

Mit den Bildkärtchen können die Spiele und Übungen, die die Kinder in der Gruppenarbeit kennenlernen, auch zu Hause umgesetzt werden – auf Deutsch und/oder in der Erstsprache. Die Möglichkeiten sind vielfältig: Zuordnungsspiele, Kimspiele, Assoziationsspiele, Memory, Lotto, Bingo, Geschichten legen … Einige Ideen finden sich auch in den vorliegenden KIKUS Arbeitsblättern (Set 1: VERBI / Set 2: GEFÜHLE, WAS GEHÖRT ZUSAMMEN?, WAS KANNST DU / Set 3: FARBEN, WAS IST WIE?, SCHULE, VERBIS TAG, WAS PASST NICHT DAZU?, DER-DIE-DAS). Viele Spielvorschläge mit konkreten Umsetzungsmöglichkeiten sind im Leitfaden Die *KIKUS*-Methode beschrieben.

Über den Wortschatz hinaus können mithilfe der Bildkarten oder -kärtchen auch grammatische Strukturen veranschaulicht werden. Hier ein paar Anregungen, die bereits mit den 48 hier vorliegenden Beispielkärtchen umgesetzt werden können.

Artikelarbeit:
Die Substantivkärtchen sind mit leeren Punkten versehen. Diese können der Bewusstmachung der Artikel dienen (einer der schwierigsten Bereiche für Deutschlerner). Wir malen die Punkte mit den Kindern gemeinsam in der Gruppenarbeit in bestimmten Farben an, wobei grundsätzlich die Farben (oder Symbole) frei wählbar sind. Als Vorlagen dienen uns die KIKUS Bildkarten, die wir zuvor – ebenfalls gemeinsam – mit Klebepunkten in den entsprechenden Farben versehen. Wir verwenden

BLAU	für	*der*	(maskulin, Singular) Beispiel: *der Tisch*
ROT	für	*die*	(feminin, Singular) Beispiel: *die Tasse*
GRÜN	für	*das*	(neutrum, Singular) Beispiel: *das Bett*
GELB	für	*die*	(maskulin/feminin/neutrum, Plural) Beispiel: *die Schuhe*

Pluralbildung: *die/eine Kuh – die/zwei Kühe – fünf Kühe*

  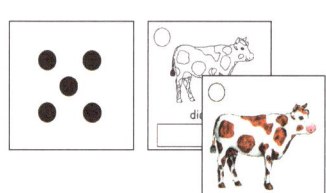

Wortbildung: *Kuhmilch – Hausschuhe – Blumentopf – Topfblume*

Satzbildung: *Die Tasse ist kaputt.*   *Der Junge sitzt auf der Kuh.*

Lassen Sie sich inspirieren. Wir wünschen viel Spaß dabei!

KIKUS

AUFGABE: Klebe hier ein Foto von dir auf! Trage
unten zusammen mit deiner Erzieherin oder mit
deinen Eltern deinen Vor- und Nachnamen und dein
Alter ein!
Wenn du möchtest, kannst du auch die Maus, den
Hasen und das Känguru noch anmalen.

DAS BIN ICH

AUFGABE:
Male ein Bild von dir!

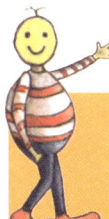

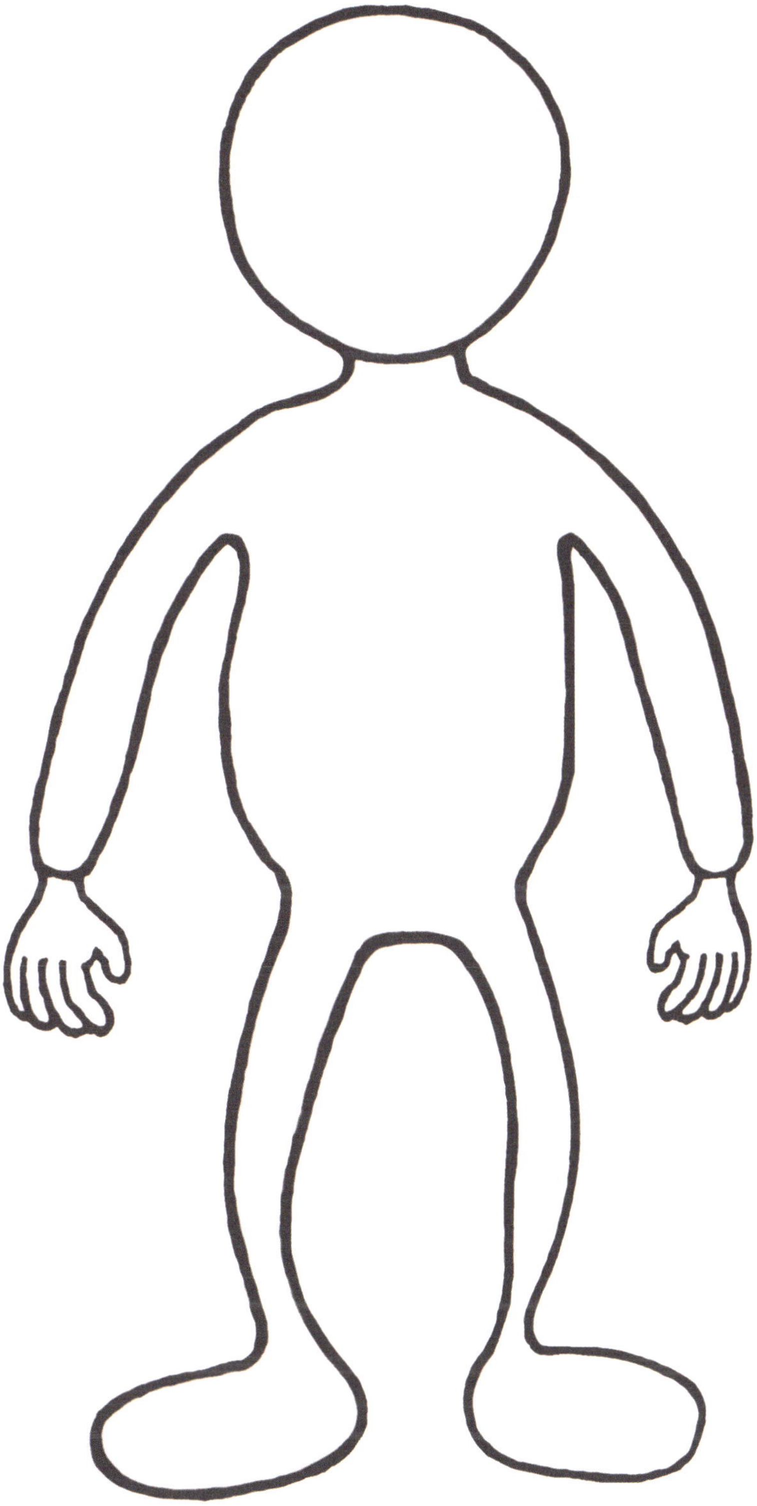

FAMILIENFOTO

AUFGABE: Male Mimis und Momos Familie an! Wie heißen die Familienmitglieder in deiner anderen Sprache?

der Papa

die Mama

das Baby

die Schwester

der Bruder

das Baby

TEDDY

der Kopf

der Arm

der Bauch

das Bein

der Fuß

WASCHTAG

AUFGABE: Mimi und Momo haben gewaschen. Was haben sie aufgehängt? Male die Sachen an! Wie heißen sie in deiner anderen Sprache?

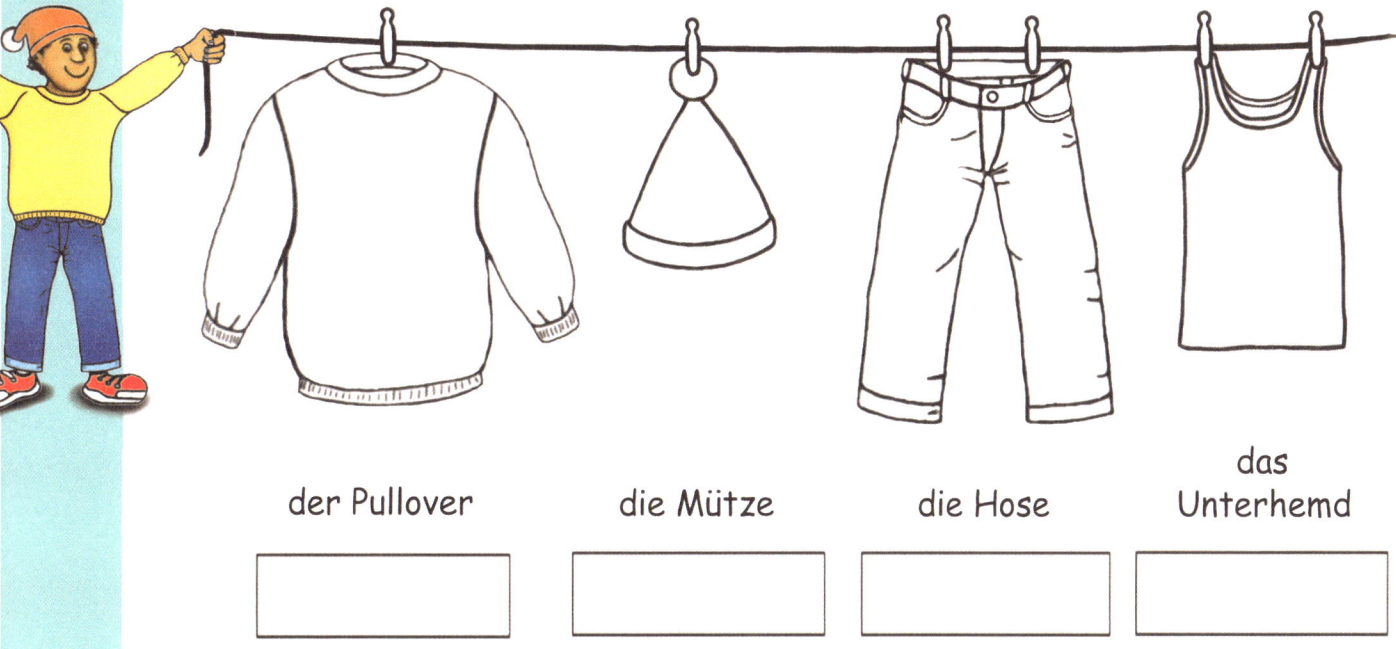

der Pullover	die Mütze	die Hose	das Unterhemd

der Rock	die Unterhose	der Schal	die Strümpfe

SCHUHSALAT

AUFGABE: Welche Schuhe gehören zusammen? Verbinde sie! Male dann die passenden Schuhe in den gleichen Farben an! Wie heißen die Farben in deiner anderen Sprache?

grün

gelb

blau

rot

FRÖHLICH - TRAURIG

PICKNICK

TIERE

AUFGABE: Welche Tiere findest du? Male sie an!

DER FORMENVOGEL

AUFGABE:
Male den Formenvogel an:
- die Vierecke rot,
- die Dreiecke blau,
- die Kreise gelb!

MIMIS & MOMOS HAUS

AUFGABE: Hier wohnen Mimi und Momo mit ihrer Familie. Male ihr Haus an!

KINDERZIMMER

AUFGABE: Mimis und Momos Zimmer sind fast gleich, aber nur fast. Findest du die Unterschiede? Wenn du möchtest, kannst du sie anmalen. Wir haben es dir beim Teppich vorgemacht.

VIELE SPIELSACHEN

AUFGABE: Ui, so viele Spielsachen! Male sie an! Wie heißen sie in deiner anderen Sprache? Womit spielst du gerne?

r Teddy

die Legosteine

s Auto

die Trommel

die Bauklötze

die Puppe

Ball

die Eisenbahn

VERBI

essen

trinken

liegen

fahren

...len

schwimmen

...zen

lesen

WETTERGLÄSER

AUSFLUG

AUFGABE: Mimi und Momo haben einen Ausflug gemacht. Sie erzählen, was sie alles gesehen haben. Findest du die Sachen im Bild? Male sie an!

die Sonne

das Nest

der Marienkäfer

die Wolke

die Blume

der Baum

der Schmetterling

der Fisch

CLOWN MOMO

AUFGABE: Momo hat sich als Clown verkleidet. Male sein Kostüm bunt an!

OSTERN

AUFGABE: Male das Osterei bunt an!

DER - DIE - DAS

AUFGABE: Male das Bild so an:
Blau ist DER Himmel,
grün ist DAS Gras,
rot ist DIE Rose,
so einfach ist das!

Blau ist der Himmel,   grün ist das Gras,   rot ist die Rose,

so einfach ist das !

KIKUS

das Mädchen

der Junge

die Schuhe

das T-Shirt

das Bett

der Tisch

der Topf

die Tasse

die Kuh

der Elefant

die Milch

die Tomate

das Haus

die Schere

das Auto

die Blume

auf

in

fünf

plus

sein

sitzen

müde

kaputt